AF394080

FRAMEWORK MCKINSEY 7S

Aumentare le prestazioni aziendali, prepararsi al cambiamento e implementare strategie efficaci

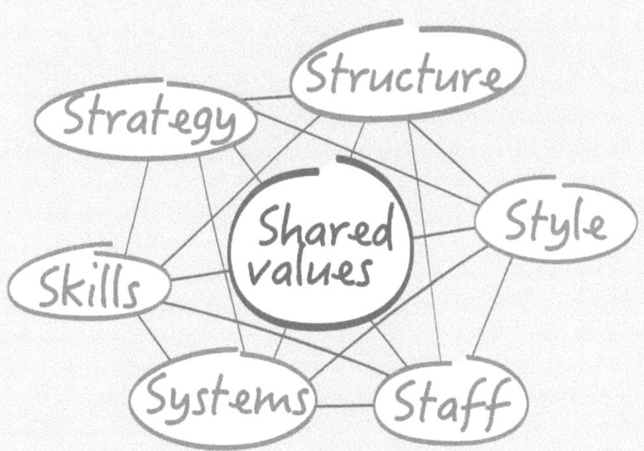

FRAMEWORK MCKINSEY 7S

Aumentare le prestazioni aziendali, prepararsi al cambiamento e implementare strategie efficaci

scritto da Anastasia Samygin-Cherkaoui
tradotto par Sara Rossi

50MINUTES.com

FRAMEWORK MCKINSEY 7S

INFORMAZIONI CHIAVE

- **Nomi:** 7S, 7-S Framework, McKinsey 7S Framework.

- **Utilizzi:** gestione di organizzazioni di medie e grandi dimensioni, adattamento al cambiamento.

- **Perché ha successo?** È facile da rappresentare visivamente e molto applicabile.

- **Parole chiave:** organizzazione, modello, gestione, cambiamento.

INTRODUZIONE

La storia

Il framework McKinsey 7S risale agli anni '80 ed è stato introdotto per la prima volta in un articolo di Robert Waterman, Thomas Peters e Julien Philips, *Structure is not Organization* (1980). È apparso in un periodo in cui la strategia e l'organizzazione di un'azienda erano al centro dell'attenzione. In effetti, si tratta di ripensare l'intera organizzazione di un'azienda, non semplicemente di riorganizzare le pratiche in uso.

Oggi questi grafici e diagrammi – diagrammi di flusso, di processo, ecc. – sono molto diffusi nell'ambiente economico, ma all'epoca si trattava di un colpo di genio per due motivi:

- in primo luogo, la rappresentazione del modello sotto forma di atomo è sorprendentemente originale;

- in secondo luogo, la ripetizione della stessa lettera iniziale "S" per ciascuno degli elementi crea un effetto di allitterazione.

Entrambe le caratteristiche rendono più facile la memorizzazione del concetto e la visualizzazione della struttura dei suoi sette elementi. In definitiva, contribuiscono alla sua fama e longevità.

Definizione del concetto

Il framework McKinsey 7S, sviluppato dalla società di consulenza McKinsey, è uno strumento di diagnosi organizzativa, rappresentato schematicamente sotto forma di atomo. Il nome del concetto evidenzia, con un semplice espediente mnemonico, sia il numero di elementi del framework sia i suoi costituenti, che iniziano tutti con la lettera "s".

BUONO A SAPERSI

Fondata nel 1926, McKinsey è una società di consulenza strategica che si presenta come di alto livello in quanto destinata principalmente ad aziende attive a livello internazionale, a capo delle quali non è raro trovare ex dipendenti McKinsey.

TEORIA

Una parte importante del successo del McKinsey 7S Framework risiede nella rappresentazione del modello a forma di atomo: questa immagine è dinamica e mostra la semplice, e quasi ovvia, interconnessione tra gli elementi che lo compongono. Senza ignorarli, prende drasticamente le distanze dai diagrammi a forma di catena, che mostrano la divisione dei compiti e gli aumenti di produttività basati sulla velocità, e dai tradizionali diagrammi di flusso piramidali, anche se ora incorporano sempre più spesso i flussi di informazioni.

Fin dagli anni '30, gli studi hanno evidenziato l'importanza delle relazioni umane. Essi portano all'inevitabile conclusione che è un errore credere ai soli legami professionali. Infatti, tra i lavoratori o i gruppi di lavoranti si sviluppano relazioni e interessi che vanno oltre il quadro teorico della struttura organizzativa. Queste relazioni possono essere certamente amichevoli, ma spesso anche influenti. In altre parole, dipendono dalla capacità di una persona di modificare il comportamento di un'altra, consapevolmente o meno, per promuovere i propri obiettivi o valori. Imprevedibili per i manager, queste relazioni sono estremamente importanti perché sono in grado di cambiare l'organizzazione nel suo complesso. Ognuno di noi può testimoniarlo ricordando situazioni in cui singoli individui all'interno di un gruppo hanno cambiato il loro comportamento, modificando poi i risultati di tutti. Prendiamo l'esempio dello sport, dove il cambio di allenatore può portare a risultati diversi, anche se la squadra rimane la stessa e ogni membro mantiene la propria funzione.

Allo stesso modo, le aziende cambiano e, di conseguenza, cambiano le loro esigenze. Naturalmente, le basi rimangono le stesse: ci sono ancora aziende familiari, aziende con compiti altamente standardizzati, aziende basate sulle competenze (in cui il guadagno di capitale viene realizzato, ad esempio, con servizi intellettuali) e aziende orientate ai risultati. Il cambiamento che si verifica è il risultato di una combinazione di modelli preesistenti e si manifesta attraverso strutture sempre più ibride. Inoltre, nella maggior parte dei casi, l'internazionalizzazione e la globalizzazione sono in aumento. Un supermercato, ad esempio, opera con una certa autonomia (ogni elemento della struttura è a sé stante), ma fa parte di un'organizzazione molto più grande (un gruppo nazionale nel nostro esempio) che lo contiene, e talvolta è anche incluso in una struttura ancora più grande (livello internazionale).

È in questo contesto che compare il modello 7S:

In pratica, questa rappresentazione enfatizza l'interazione tra i diversi componenti, ciascuno collegato agli altri, ma con un nucleo centrale. Questo nucleo merita un attimo di attenzione. In origine, il cerchio interno rappresentava gli "obiettivi straordinari". Tony Athos (1934-2002), professore alla Harvard Business School e amico intimo di Robert Waterman (cofondatore del modello), ebbe l'idea di cambiare questi obiettivi in "valori condivisi". Questo contributo non fu di poco conto: cambiò la filosofia del modello, sostituendo gli elementi prospettici (gli obiettivi) con solide fondamenta (i valori).

I sette termini sono stati il risultato di un'ampia riflessione e di un dibattito, e ovviamente non sono stati scelti a caso.

STRATEGIA

La strategia determina i mezzi da impiegare. In questo caso, la sua definizione deve venire prima di tutti gli altri elementi. È una forma di risposta dell'azienda al suo ambiente: deve ridurre i costi, produrre in grandi quantità o rivolgersi al suo pubblico? Espandere la propria attività o specializzarsi? È aggressiva nei confronti dei concorrenti o cerca di differenziarsi?

Possiamo notare che la strategia è cruciale e potenzialmente impegnativa, in quanto è il risultato dell'interazione tra l'azienda e il suo ambiente. Tuttavia, non bisogna essere precipitosi, poiché la strategia guida le scelte, in particolare in termini di investimenti, posizionamento dei prodotti o localizzazione geografica. Pertanto, non può cambiare improvvisamente.

Esistono tre tipi di strategia:

- leadership dei costi;

- differenziazione (valore);

- focus (nicchia).

Una strategia poco o mal definita può portare a scelte difficili, investimenti ingiustificati, enfatizzazione di alcune competenze a scapito di altre, ecc. Questo può causare una certa mancanza di unità: l'azienda non ha una specializzazione o un particolare punto di differenziazione. Al contrario, una strategia chiara porta a investimenti e decisioni che vanno in una direzione specifica. Se la strategia è rilevante, la missione ha avuto successo. In caso contrario, è probabile che l'azienda fatichi a riformarsi.

Per illustrarlo, torniamo all'esempio dei supermercati: alcuni marchi si distinguono per i prezzi bassi, mentre altri sono noti per la qualità e l'originalità dei loro prodotti. Altri ancora non hanno caratteristiche particolarmente distintive. Lo stesso ragionamento può essere applicato ai computer o ai telefoni: alcuni marchi cercano di differenziarsi, sia per il loro stile sia per le loro specifiche tecniche uniche. In questo modo, si specializzano e si rivolgono a un certo tipo di utenti. Altri sono in concorrenza con vari attori già affermati sul mercato e devono distinguersi giocando su fattori (eventualmente combinati) come il prezzo o gli accessori - applicazioni o altri extra materiali o immateriali, che danno l'impressione di appartenere a una comunità di utenti (da qui lo sviluppo di ruoli come il community manager). Tuttavia, possiamo ritenere che, pur essendo destinati a un pubblico potenzialmente più vasto, fidelizzino un numero minore di clienti.

STRUTTURA

Quando vengono apportati sviluppi e cambiamenti ai modelli aziendali, cambia la definizione stessa della struttura. Inoltre, i dipendenti dovrebbero essere istruiti in modo da percepire la strategia complessiva dell'azienda e decidere autonomamente come inserirsi nella struttura, cioè come e con chi lavorare.

Attualmente, il decentramento sta diventando sempre più diffuso nel settore industriale. Le divisioni per funzione e per prodotto sono state sostituite da altre possibili segmentazioni che utilizzano criteri quali paesi, regioni, mercati, popolazioni, tipi di prodotto, ecc. Inoltre, le divisioni non sono necessariamente mutuamente esclusive (per fare l'esempio dei supermercati: un marchio può creare una divisione geografica con suddivisioni per prodotto all'interno di ciascuna entità).

In questa situazione, è ancora più importante per l'azienda centralizzare le scelte, anche se in genere la strategia sarà unica per ogni divisione. Ciò le consente di agire a livello globale, lasciando alle entità di altro livello il compito di svilupparsi nel proprio territorio. Possiamo definirla una struttura temporanea, che mostra una relativa flessibilità, in quanto è più politica o contingente, cioè si adatta all'ambiente.

Secondo lo strutturalismo, le relazioni sociali sono organizzate in costruzioni sociali, senza che le persone coinvolte se ne rendano conto. Nelle scienze umane, il concetto di struttura è apparso in Francia negli anni Cinquanta. Per i pensatori strutturalisti – Émile Benveniste (1902-1976), Clause Lévi-Strauss (1908-2009), Roland Barthes (1915-1980) e Laurice Godelier (nata nel 1934) – si tratta di evidenziare l'organizzazione in cui predomina la relazione.

In biologia, una delle peculiarità della struttura è che si autoregola.

Allo stesso modo, la struttura si adatta agli eventi che incontra. L'aspetto relazionale è predominante. Mentre la nozione di "sistema" prevedeva gli elementi preesistenti tra i quali si instauravano relazioni diverse, lo strutturalismo fa in qualche modo un passo avanti: qui le costruzioni sociali sono il risultato di un insieme di regole astratte e l'origine della struttura si fonde con il suo funzionamento, in modo che qualsiasi perturbazione provochi un adattamento spontaneo.

SISTEMI

Questo concetto si riferisce alle procedure e alle operazioni che costituiscono la vita quotidiana di un'azienda. In un certo senso si tratta di seguire o tracciare: sistemi di budget, controllo del rispetto delle procedure interne, vigilanza legale, ecc. Una strategia che non tenga conto di queste procedure è destinata a fallire, indipendentemente dalla sua rilevanza, poiché ignora il funzionamento effettivo dell'azienda. Inoltre, se decidete di modificare il funzionamento di un'azienda o semplicemente di analizzarla, non trascurate le procedure e il follow-up di alcuni aspetti.

PERSONALE

Il concetto di personale si riferisce al team, in senso lato: comprende infatti le competenze, le conoscenze, i programmi di formazione, la motivazione, il comportamento, i salari, la gerarchia, la valutazione e la promozione degli individui. In realtà, si riferisce alla gestione delle risorse umane nel suo complesso.

STILE

Questa caratteristica, simile a quella del personale, si basa su una distinzione di livelli, poiché significa evidenziare il comportamento dei top manager. Questa differenziazione tra dirigenti e personale può essere deplorevole, in quanto li separa, anche se è necessario riconoscere l'impatto potenziale del cambio di leader su un gruppo. Qualcuno obietterà che l'importanza dello stile non deriva solo dai leader. Ci sono diversi esempi che lo dimostrano: in una squadra sportiva, un giocatore può avere una personalità più forte dell'allenatore. Allo stesso modo, nel cinema, un ruolo secondario può avere un impatto maggiore di un ruolo da protagonista. Ma un regista non usa la sua esperienza per lasciare che questi personaggi si esprimano? E che dire dei giochi di potere nel mondo della politica?

 **BUONO A SAPERSI: TOP MANAGEMENT E TOP MANAGER**

Il top management si riferisce al livello più alto delle funzioni esecutive di un'azienda privata o pubblica. I top manager sono spesso personalità forti, capaci di unire i loro team e di condividere la loro visione del futuro e i mezzi per raggiungere tali obiettivi. Se prendono decisioni sulla strategia e sugli obiettivi aziendali, devono anche (teoricamente) assumersene la responsabilità: sono gli unici responsabili del successo o del fallimento delle loro politiche.

COMPETENZE

Il termine "competenze" può anche riferirsi alla conoscenza, perché comprende il know-how e le capacità interpersonali. Anche in questo caso, il concetto è simile a quello di personale e strategia, ma non del tutto.

Le competenze includono:

- le specificità dell'azienda o del marchio (gli elementi che differenziano o sono destinati a differenziare l'azienda dai suoi concorrenti);

- competenze del personale: l'azienda cerca collaboratori con attitudini e competenze che possano trasmettere e rafforzare i suoi valori.

Pertanto, questo concetto implica l'evidenziazione dei legami tra le qualità delle persone coinvolte e quelle della struttura in cui operano e al cui sviluppo contribuiscono.

VALORI CONDIVISI

I valori condivisi sono al centro del modello. Una delle critiche mosse allo strutturalismo sottolinea la negligenza nei confronti dei dipendenti, considerati in qualche modo semplicemente come contingenti della struttura. In risposta a ciò, diversi sociologi, guidati da Pierre Bourdieu (1930-2002), si sono proposti di rivalutare i dipendenti, non nella misura in cui possono essere liberi dalle strutture, ma considerando la portata della loro esperienza e delle loro prestazioni come parte integrante della realtà della struttura.

Certo, non tutti hanno la fortuna di avere il lavoro o la situazione che desiderano. Tuttavia, deve esserci un minimo di valori condivisi, che si tratti della qualità del servizio o del prodotto, o anche dell'impegno dell'azienda per una particolare causa. Immaginate di lavorare in un'officina dove, il martedì, si disfa tutto il lavoro fatto il lunedì. Finché ignorate l'inutilità del vostro lavoro, è molto probabile che possiate andare avanti, con motivazioni diverse, magari anche con obiettivi in termini di produttività o qualità. D'altra parte, cosa succederebbe se vi rendeste conto della totale assurdità di ciò che vi viene richiesto? Continuereste? Per quanto tempo? A quali condizioni? Allo stesso modo, abbiamo parlato di strategia e gestione: un cambiamento a questo livello può generare insoddisfazione nel personale (scioperi, aumento dell'assenteismo, diminuzione della produttività, diminuzione della qualità del lavoro, allontanamento dei lavoratori che hanno questa possibilità, ecc.) Chiunque legga queste righe potrà pensare a esempi, nel presente o nel passato, che illustrano come i valori non più condivisi provochino tensioni o divisioni.

Ciò che più conta in questo caso è il legame tra i valori di un'azienda (trasmessi da un insieme di individui) e i valori delle aziende (o delle imprese) in quanto organizzazioni commerciali o associative. Potremmo parlare di aziende (con la "c" minuscola) e di Società (con la "c" maiuscola), essendo i valori delle prime una variazione dei valori delle seconde, in relazione alle quali devono avere un senso.

CONCLUSIONE

Poiché tutti i componenti del modello sono interconnessi, la modifica di uno di essi ha un impatto diretto su tutti gli altri. Questo quadro deve quindi essere sempre considerato dinamico. La sua illustrazione, sotto forma di atomo, consente all'utente di applicare il modello a partire da qualsiasi elemento, a seconda delle informazioni disponibili e della posizione dell'utente, anche se la componente centrale dei valori condivisi è significativa.

In conclusione, dopo aver analizzato il framework delle 7S di McKinsey, è possibile farsi un'idea generale delle basi di un'azienda o di un'organizzazione.

LIMITAZIONI ED ESTENSIONI

LIMITI E CRITICHE

Secondo l'articolo fondante del framework McKinsey 7S, *Structure is not Organization* (1980), che fa riferimento al pittore surrealista belga René Magritte (1898-1967), la rappresentazione di qualcosa non è la cosa stessa. Per estensione, questa rappresentazione schematica di un'organizzazione, per quanto pratica e ben pensata, non è in realtà l'organizzazione. Pertanto, il framework McKinsey 7S non è diverso da qualsiasi altro, non è la pietra filosofale del successo aziendale. Tuttavia, poiché integra informazioni soggettive (incluse nei valori condivisi, nel team, nelle competenze, ecc.), riteniamo che questo modello possa adattarsi meglio di altri al caso specifico di ogni azienda, poiché è in grado di integrare il parametro specifico della "cultura aziendale". Il top management, oggetto di attenzione con la propria componente (stile), potrebbe essere sovrarappresentato perché, in una certa misura, potrebbe essere incluso anche nello "staff".

Seguendo la concezione azionista, che sottolinea l'importanza delle relazioni umane, la teoria organizzativa, in cui risiede il quadro delle 7S, è solo una parte della teoria dell'azione, sviluppata da sociologi come Max Webster (1864-1920) in Germania, Talcott Parsons (1902-1979) negli Stati Uniti o Michael Crozier (1922-2013) e Erhard Friedberg (nato nel 1942) in Francia.

MODELLI CORRELATI

Visto il successo dei quadri schematici, alcuni stanno recuperando i modelli esistenti per adattarli alle proprie aziende. Nelle presentazioni dei manager, quadri come il 7S sono regolarmente presenti. Nella gestione, i diagrammi di flusso – diagrammi che mostrano l'attività nel suo complesso – e le schede di processo rivelano un ragionamento simile.

Inoltre, sempre più modelli intendono giocare anche sul suono, utilizzando allitterazioni o domande (chi, quando, come, quanto) per essere memorabili.

A nostro avviso, ciò che conta nel framework delle 7S di McKinsey è presentare accuratamente le interconnessioni tra i diversi concetti, oltre a considerare l'importanza delle relazioni umane – non impedisce, in pratica, che ognuno lo faccia a modo suo. Fare riferimento a un modello collaudato non significa applicarlo in modo uniforme.

APPLICAZIONE PRATICA

CONSIGLI E SUGGERIMENTI

In concreto, cosa significa quando si decide di creare o riformare le 7S di un'azienda nel contesto di un progetto?

Da dove cominciare?

Caso 1: Avvio di un'attività

Se domani creassi un'azienda, probabilmente adotterei un approccio intellettuale. In una posizione "meta", in cui sono sia attore che osservatore esterno, definirei la mia strategia ponendomi innanzitutto le seguenti domande:

- Qual è il mio prodotto?

- Qual è la mia posizione rispetto ai miei (potenziali) concorrenti?

Teoricamente, si potrebbe pensare a domande sui valori, seguite dalle altre componenti del modello. Tuttavia, nella pratica, è chiaro che non sempre abbiamo la possibilità di procedere in questo modo.

Caso 2: Un'azienda esistente

In una struttura esistente, sembra più pertinente partire dal nucleo dell'atomo, ovvero dai valori. Infatti, questi sono effettivamente il minimo comune denominatore dei membri dell'azienda. Pertanto, una riflessione sui valori condivisi chiarirà innanzitutto ciò che è condiviso dai dipendenti. Naturalmente, rispondere alla domanda sui valori e decidere di modificarne parzialmente il contenuto può influenzare la strategia, così come tutto il resto. Per esempio: dobbiamo mantenere un servizio che non è redditizio? Spontaneamente, potremmo essere tentati di rispondere negativamente. Ma nel caso di un servizio medico o di trasporto, questa domanda assume un altro significato.

Attuazione del progetto

Per quanto riguarda la creazione di un progetto di cambiamento di una struttura esistente, il dialogo con i dipendenti è un prerequisito. Agire al contrario, una sorta di approccio "dall'alto verso il basso", equivale a voler fare del bene alle persone loro malgrado. I regimi totalitari hanno dimostrato più volte che questo sistema non funziona. Anche se il cambiamento desiderato è rilevante, il metodo utilizzato per ottenerlo può condannarlo al fallimento.

Ora che conosciamo un po' meglio l'azienda, dobbiamo porci le domande giuste per realizzare il nostro progetto:

- Quali sono le diverse fasi coinvolte?

- Quali sono i mezzi finanziari e le risorse (personale e competenze) necessarie per raggiungere questo obiettivo?

- Cosa c'è di speciale nella struttura?

- Cosa la differenzia dalla concorrenza?

- Che effetto ha su coloro che interagiscono con esso?

Rispondendo a queste domande, stiamo definendo o ridefinendo lo stile dell'azienda, che è direttamente collegato ai suoi valori. La strategia, a sua volta, non può essere determinata senza considerare i valori, le competenze e l'ambiente (la concorrenza) in cui si svilupperà.

Valutazione del progetto

Per valutare il progetto, è fondamentale analizzare il sistema (monitoraggio e procedure) al fine di acquisire una panoramica completa dell'intera azienda, con i suoi pregi e difetti.

La riflessione sui criteri delle 7S porta inevitabilmente al mantenimento o alla modifica della struttura che fa da cornice all'azione.

Le domande poste e le risposte fornite illustrano le interconnessioni tra i diversi concetti del framework McKinsey 7S. Se, alla fine, si scopre che tutti gli elementi sono stati presi in considerazione, specificare esattamente cosa rientra in un elemento o in un altro può talvolta sembrare complicato. L'importante è ricordarsi di non trascurare nessun aspetto del modello.

STUDIO DI CASO

Prendiamo ora in esame l'azienda X, un attore del settore pubblico e quindi un'azienda pubblica. Diversi rapporti esterni evidenziano gravi problemi di gestione, i cui principali indicatori sono:

- una riduzione delle attività liquide;

- gestione carente delle risorse umane, nel senso che il numero di lavoratori è aumentato continuamente nel corso degli anni per un servizio invariato;

- salari pari al 50% del fatturato.

X, un'azienda pubblica, è soggetta a un certo controllo e deve rendere conto delle questioni di gestione che sollevano dubbi. Ciò crea tensioni tra l'azienda e la sua supervisione amministrativa. Allo stesso tempo, a livello interno, l'azienda sta vivendo un cambiamento del presidente del Consiglio di Amministrazione (CdA).

Nel tentativo di rassicurare la supervisione amministrativa, e forse anche di svincolarsi un po' da essa, l'organo di amministrazione, sotto la guida del nuovo presidente, decide di rivolgersi ad un consulente esterno per condurre un'analisi completa della situazione.

Il consulente (nominato dal settore pubblico) conosce bene il framework delle 7S di McKinsey.

- Inizia con una prima rapida analisi della situazione, soprattutto finanziaria: ricavi e variazioni dei risultati negli ultimi anni, analisi delle principali voci di spesa, massa operativa lorda, ecc. Le sue conclusioni non solo coincidono con quelle della supervisione amministrativa, ma le rafforzano presentando risultati significativamente più severi.

- Una volta effettuata questa prima osservazione "ufficiale", dato che la realizzazione di un rapporto principalmente finanziario non richiede specificamente la presenza sul campo, egli lavora in azienda e conduce dei workshop con i top manager. Ne emerge una serie di nuove scoperte, che evidenziano le carenze organizzative e logistiche, le tensioni interne, i problemi di competenza, ecc.

- Una volta che il consulente ha compreso chiaramente le missioni e gli obiettivi dell'azienda, il suo compito è quello di formulare raccomandazioni concrete. Le soluzioni proposte sono il risultato dei workshop, che sono quindi in accordo o in partnership con i dipendenti dell'azienda e saranno parzialmente implementate.

- Pertanto, X sarà riorganizzato in profondità: benché l'inevitabile uscita di una parte significativa del personale (un terzo dei lavoratori) per cause come licenziamento o pensionamento anticipato è molto da sopportare a livello sociale, questo non causerà uno sciopero.

Osservando l'approccio del consulente, ci rendiamo conto che inizia le sue riflessioni partendo dal nucleo del framework 7S. In primo luogo considera i valori condivisi dai lavoratori nell'esecuzione del loro lavoro. Poi si concentra sul personale e sulle sue qualità e difetti. I problemi vengono analizzati alla luce delle discrepanze tra il sistema (come le procedure) e il personale. Ciò dimostra, ad esempio, che alcune missioni non sono chiaramente definite o sono parzialmente svolte due volte, e che molti non hanno gli strumenti o le competenze per svolgere i compiti loro assegnati.

Chiarendo le procedure interne, il consulente lavora sul sistema, ma allo stesso tempo sulle competenze.

È anche consapevole di una serie di tensioni, legate a diverse personalità, ma anche a fattori politici esterni. Come abbiamo detto, il numero di lavoratori è aumentato bruscamente e rapidamente, senza alcun cambiamento nel servizio offerto. A causa della politicizzazione del CdA (un'azienda pubblica), alcuni lavoratori appaiono meno "legittimi" di altri. In questa particolare situazione, il consulente lavora con due dirigenti appena arrivati che non sono relativamente interessati da questi problemi di legittimità: il direttore finanziario e il presidente del CdA.

Nonostante la dinamica lavorativa e, in parte, anche a causa di essa, si creano tensioni e divisioni tra alcuni lavoratori, tra cui lo stesso direttore dell'azienda. Il direttore sente una perdita di legittimità e alcune sue decisioni e azioni vengono messe in discussione.

Nel frattempo, anche il presidente è coinvolto: funge da interfaccia tra i lavoratori e l'OdV e svolge un lavoro importante che porta a una rivitalizzazione dell'intero OdV, con una migliore informazione e un maggiore coinvolgimento dei membri. Queste tensioni rivelano che, lavorando sul sistema, il consulente ha scosso la struttura. Il lavoro "sul campo" ha costretto la struttura ad adattarsi a una riorganizzazione inevitabile e importante.

Guidati dai nuovi dirigenti, seguendo le raccomandazioni del consulente e con il sostegno della maggior parte dei lavoratori di livello inferiore, i manager – l'organo di governo – possono ridefinire la strategia dell'azienda. Certo, le missioni sono definite da un quadro organico, ma il modo di agire su di esso dipende da loro. In questo caso, la strategia è la seguente:

- adattare il metodo;

- la definizione di obiettivi in linea con la missione dell'azienda e con i valori che la sostengono. Poiché si tratta di una società pubblica di servizi a responsabilità limitata e non si è posizionata sul mercato rispetto agli attori privati, l'aspetto strategico è più limitato.

Per quanto riguarda lo stile, il cambio di presidente è un fattore determinante: un certo dinamismo e un nuovo coinvolgimento animano ora questo organo di gestione. Il direttore, messo alle strette per le carenze emerse in diversi rapporti e non avendo partecipato al lavoro del consulente, è isolato. Abbandonato dal suo Consiglio di

Amministrazione, sceglie di lasciare l'azienda nell'ambito di un piano di prepensionamento e il direttore finanziario lo sostituisce immediatamente. In un certo senso, si chiude il cerchio, poiché il direttore finanziario e il presidente erano le due persone principali che avevano a che fare con il consulente.

Ricordiamo che la riorganizzazione dell'azienda X è stata completata senza scontri sociali (in particolare senza scioperi). Oggi il clima sociale è decisamente migliore rispetto al passato. Il clima è più armonioso grazie alla ridefinizione dei compiti e dei servizi. Tuttavia, restano ancora da definire alcuni dettagli, tra cui il fatto che alcune competenze sono ancora carenti all'interno. Le ragioni sono diverse:

- In primo luogo, il personale attuale è generalmente poco qualificato.

- In secondo luogo, da un punto di vista normativo, poiché un'azienda che effettua una ristrutturazione importante non può assumere nuovo personale nei prossimi tre anni, è necessario determinare il numero di dipendenti necessari per continuare le operazioni e il livello di servizio dell'azienda. Questo approccio prevede il calcolo del numero di partenze desiderato per formare un team ridotto, senza necessariamente disporre di tutte le competenze richieste.

Infine, sottolineiamo il fatto che il consulente ha iniziato la sua riflessione dal centro dell'atomo delle 7S (valori condivisi), cioè da ciò che tutti i lavoratori hanno in comune. In seguito, ha "viaggiato" attraverso il framework, il che è perfettamente accettabile. L'interconnessione dei componenti e la mancanza di gerarchia rappresentano, a nostro avviso, uno dei principali punti di forza del modello.

SINTESI

- Il framework McKinsey 7S è un modello di diagnosi organizzativa utilizzato in ambito manageriale, in particolare durante l'implementazione di nuovi progetti o di cambiamenti da apportare all'interno di un'azienda. Il suo successo deriva dal fatto che permette di considerare un interessante insieme di parametri, sottolineandone l'interconnessione.

- Comparso negli anni '80, questo modello è il risultato dei cambiamenti nelle scienze sociali (strutturalismo e valorizzazione delle relazioni sociali) e nell'economia (modifica delle strutture commerciali e imprenditoriali che portano all'ibridazione e all'internazionalizzazione delle imprese).

- I teorici del framework McKinsey 7S sono Robert Waterman, Thomas Peters e Julien Philips.

- Questo modello ha il vantaggio di prendere in considerazione le interazioni tra i vari aspetti che compongono un'organizzazione. Inoltre, si pone l'accento sulle relazioni umane e sull'aspetto qualitativo.

- Tuttavia, questo modello, come tutti gli altri, è ancora considerato uno strumento e non un fine in sé. Inoltre, data l'importanza che attribuisce alle relazioni umane, ai valori condivisi e alla gestione, dà priorità a criteri soggettivi o a dati qualitativi. Per questo motivo, alcuni preferiscono approcci più incentrati su dati economici e quantificabili.

ULTERIORI LETTURE

BIBLIOGRAFIA

Bajoit, G. (1992) *Pour une sociologie relationnelle*. Parigi: PUF.

Bourdieu, P. (1979) *La Distinction – critique sociale du jugement*. Parigi: Éditions de Minuit.

Bourdieu, P. (2002) *Questions de sociologie*. Parigi: Éditions de Minuit.

Crozier, M. e Friedberg, E. (1977) *L'Acteur et le Système*. Paris: Seuil.

Desveaux, E. (2008) *Au-delà du structuralisme. Sei modifiche su Claude Lévi-Strauss*. Parigi: Complexe.

Lévi-Strauss, C. (2003) *Antropologia strutturale*. Parigi: Pocket.

Sito web di Tom Peters: http://tompeters.com/

Waterman, R. H., Peters, T. J. e Philips, J. R. (1980) La struttura non è l'organizzazione. *Orizzonti del business*. 23(3), pp. 14-26.

Vogliamo sapere da voi!
Lasciate un commento sulla vostra biblioteca online
e condividete i vostri libri preferiti sui social media!

IMPROVE YOUR
GENERAL KNOWLEDGE
IN THE BLINK OF AN EYE!

www.50minutes.com

Master ISBN: 9782808064675
ISBN cartaceo: 9782808064965
Deposito legale: D/2022/12603/83

Design digitale: Primento,
il partner digitale degli editori.